AF575741

APRENDIENDO LAS FORMAS

Los cuadrados

Priyanka Das

AV2 SPANISH
www.openlightbox.com

Paso 1
Ingresa a **www.openlightbox.com**

Paso 2
Ingresa este código único

AVC69369

Paso 3
¡Explora tu eBook interactivo!

AV2 es compatible para su uso en cualquier dispositivo.

Tu eBook interactivo trae...

Audio
Escucha todo el lobro leído en voz alta

Videos
Mira videoclips informativos

Enlaces web
Obtén más información para investigar

¡Prueba esto!
Realiza actividades y experimentos prácticos

Palabras clave
Estudia el vocabulario y realiza una actividad para combinar las palabras

Cuestionarios
Pon a prueba tus conocimientos

Presentación de imágenes
Mira las imágenes y los subtítulos

Comparte
Comparte títulos dentro de tu Sistema de Gestión de Aprendizaje (LMS) o Sistema de Circulación de Bibliotecas

Citas
Crea referencias bibliográficas siguiendo los estilos de APA, CMOS y MLA

Este título está incluido en nuestra suscripción digital de Lightbox

Suscripción en español de K–5 por 1 año
ISBN 978-1-5105-5935-6

Accede a cientos de títulos de AV2 con nuestra suscripción digital.
Regístrate para una prueba GRATUITA en **www.openlightbox.com/trial**

Se garantiza que los componentes digitales de este libro estarán activos por al menos cinco años desde la fecha de publicación.

Los cuadrados

Contenidos

¿Qué forma es esta?

¡Es un cuadrado!

El cuadrado tiene cuatro esquinas.

También tiene cuatro lados iguales.

El cuadrado es mi forma favorita.

Así se dibuja un cuadrado.

Hay cuadrados por todas partes.

Mira a tu alrededor. ¿Ves algún cuadrado?

Rayuela

Puedes ver cuadrados en la escuela.

Pizarra

También puedes encontrar objetos cuadrados en casa.

Plato

Algunos cuadrados son grandes.

Las cajas cuadradas pueden ser grandes.

Cajas

Dados

Otros cuadrados son pequeños.

Los dados son objetos cuadrados pequeños.

¡Los cuadrados son divertidos!

Puedes recibir un regalo.

Bloques

Puedes jugar con bloques.

Hay diferentes formas de escribir sobre los objetos cuadrados.

Un tablero de ajedrez tiene **forma de cuadrado**.

Tablero de ajedrez

Una galleta de agua es cuadrada.

Galleta de agua

Veamos que has aprendido sobre los cuadrados.

¿Cuáles de estos objetos son cuadrados?

Published by Ligthbox Learning Inc.
276 5th Avenue, Suite 704 #917
New York, NY 10001
Website: www.openlightbox.com

Library of Congress Control Number: 2023931357

ISBN 978-1-7911-5485-1 (hardcover)
ISBN 978-1-7911-5486-8 (multi-user eBook)

Printed in Guangzhou, China
1 2 3 4 5 6 7 8 9 0 27 26 25 24 23

022023
101722

Art Director: Terry Paulhus
English Project Coordinator: Priyanka Das
Spanish Project Coordinator: Sara Cucini
English/Spanish Translator: Translation Services USA

Every reasonable effort has been made to trace ownership and to obtain permission to reprint copyright material. The publisher would be pleased to have any errors or omissions brought to its attention so that they may be corrected in subsequent printings.

The publisher acknowledges Alamy and Getty Images as the primary image suppliers for this title.